W9-CIP-314

B+T
18.12
5/22/17

En la
playa

por **Dana Meachen Rau**

Asesora de lectura: Nanci R. Vargus, Dra. en Ed.

Marshall Cavendish
Benchmark
New York

Palabras en imágenes

 arena

 balde

 cielo

 cometa

 conchas

 estrella de mar

gafas

 olas

 pies

 playa

 sombrilla

Vamos a la .

Mira las
bañándome
los .

Mira a mi amiga

en la .

Mira mi en el .

Mira las que llevo puestas.

Mira la
en las rocas.

Mira las 🐚🐚🐚🐚🐚

en mi 🪣.

Mira la bajo la cual descansamos.

18

La  es divertida.

Aprende estas palabras

amigo(a) una persona con la que te gusta pasar el tiempo

descansamos dejamos de hacer lo que estábamos haciendo y nos relajamos

Entérate de más

Libros

Berkes, Marianne. *Seashells by the Seashore*. Nevada City, CA: Dawn Publications, 2002.

Brenner, Barbara. *One Small Place by the Sea*. New York: HarperCollins Publishers, 2004.

Otten, Jack. *Watch Me Build a Sandcastle*. Danbury, CT: Children's Press, 2002.

Videos

Burton, LeVar. *Seashore Surprises*. GPN Educational Media, 2003.

Neale, Anne. *Amazing Seashore Animals*. DK Vision.

Sitios Web

Kids Health for Kids: Swimming
http://www.kidshealth.org/kid/watch/out/water.html

Oceanlink: All About the Ocean
http://oceanlink.island.net/index.html

Sand Castle Central
http://www.sandcastlecentral.com/

Sobre la autora

Dana Meachen Rau es escritora, editora e ilustradora. Graduada del Trinity College de Hartford, Connecticut, ha escrito más de doscientos libros para niños, entre ellos, libros de ficción histórica y de no ficción, biografías y libros de lectura para principiantes. Le gusta ir con su familia a un lago cerca de su casa en Burlington, Connecticut. Allí disfrutan jugando con el agua y la arena.

Sobre la asesora de lectura

Nanci R. Vargus, Dra. en Ed., quiere que todos los niños disfruten de la lectura. Fue maestra de primer grado. Ahora trabaja en la Universidad de Indianápolis. Nanci ayuda a los jóvenes a prepararse para ser profesores. Su playa favorita queda en el río Ruso, en el norte de California.

Marshall Cavendish Benchmark
99 White Plains Road
Tarrytown, NY 10591-9001
www.marshallcavendish.us

All Internet addresses were correct at the time of printing.

Library of Congress Cataloging-in-Publication Data

Rau, Dana Meachen, 1971–
[At the beach. Spanish]
En la playa / por Dana Meachen Rau.
p. cm. – (Benchmark rebus)
Includes bibliographical references.
ISBN 978-0-7614-2748-3 – ISBN 978-0-7614-2609-7 (English ed.)
1. Beaches–Juvenile literature. 2. Seashore ecology–Juvenile literature. 3. Vocabulary–Juvenile literature.
I. Title.
GB454.B3R3818 2007
551.45'7–dc22
2007017163

Spanish Translation and Text Composition by Victory Productions, Inc.

Photo research by Connie Gardner

Rebus images, with the exception of waves, provided courtesy of *Dorling Kindersley*.

Cover photo by Elyse Lewin/Image Bank/Getty

The photographs in this book are used with permission and through the courtesy of:
David Pu'u/CORBIS: p. 3 (waves); *Getty*: p. 5 Ian Royd; *PhotoEdit*: p. 7 Michael Newman; p. 9 Kayte M. Deloma;
p. 17 Mary Kate Denny; *Jupiter Images*: p. 11; *Corbis*: p. 13 Elenora Ghioldi; p. 15 Galen Rowell; p. 19 Reed Kaestner;
p. 21 Ariel Skelley.

Printed in Malaysia
1 3 5 6 4 2